Horst Rehmann

Volltreffer Gedichte

Horst Rehmann

Volltreffer Gedichte

heiter poetisch humorvoll nachdenklich

Goldene Rakete Verlag für Belletristik

Imprint

Cover image: www.ingimage.com

Publisher:
Goldene Rakete Verlag für Belletristik
is a trademark of
International Book Market Service Ltd., member of OmniScriptum Publishing Group
17 Meldrum Street, Beau Bassin 71504, Mauritius

Printed at: see last page
ISBN: 978-620-2-44488-0

Abends entspannen ?

Weil ich mich abends gern entspann,
schalt ich um acht die Glotze an,
schau Nachrichten aus aller Welt,
sehe, wie man die Menschen quält.

Es folgt ein Film, der ist nicht heiter,
Werbepause, ich schalt weiter,
was höre ich - wir sind das Pack,
und neunzig Tote im Irak.

Schnell schalt ich zur Talkshow rüber,
doch mein Blick wird immer trüber,
kein Wort von Fonds und Aktien,
nein - Völkermord in Syrien.

Kurz darauf die Tagesthemen,
die mir fast den Atem nehmen,
zig Christen wurden umgebracht,
von dem IS in einer Nacht.

Mir wird schlecht, schaue nicht mehr hin,
zapp weiter, zum Nachtmagazin,
Terroranschlag hier in Deutschland,
die Islamisten sind bekannt.

Nur Mord und Totschlag, gar nicht nett,
jetzt reicht es mir, ich geh ins Bett,
und sag es mal ganz kurz und schlicht,
entspannen - konnt ich heute nicht.

20.03.2017

Alaaf und Helau

Der Ruf "Alaaf" und auch "Helau",
lockt Narr und Närrin aus dem Bau,
denn Karneval ist angesagt,
der Lustmolch ins Kostüm sich wagt,
um die Sau herausgelassen,
und zu schreien: „Hoch die Tassen !"
Es wird gesoffen und gelacht,
geküsst, geflirtet, angemacht,
der Alkohol ist sehr beliebt,
bis auch der letzte Cent versiebt.
Am Aschermittwoch wird dann klar,
jetzt ist - der Alltag wieder da.

Allein zuhause

Mutter schließt geschwind ihr Bistro,
gönnt sich Nachmittag ´ne Pause,
denn ihr Sohn, der kleine Leo,
ist zur Zeit allein zuhause.

Nach fünf Minuten ist sie da,
klein Leo starrt nur vor sich hin,
die Mutti findet´s sonderbar,
führt ihre Hand an Leo´s Kinn.

Ganz, ganz lieb fragt sie den Knaben:
„Wie kommst du mit der Nanny aus,
wolltest sie doch so gern haben,
sie ist doch eine süße Maus ?"

„Meinst du die Neue, die Susi ?“
„Oh nein, mit der werd ich nicht froh,
ich mach´s bald genau wie Vati,
und kneif sie kräftig - in den Po !"

April macht was er will

Es ist doch einfach wunderbar,
Anfang April grünt Baum und Strauch,
obwohl´s ein langer Winter war,
sprießt in den Beeten schon der Lauch.

Man muss auf den Kalender schau´n,
um nicht zu meinen es sei Mai,
die Osterglocken werden braun,
kaum eine Wolke zieht vorbei.

Die Zierkirsche beginnt zu blüh´n,
zeigt ihre rosarote Pracht,
und viele Tulpen zeigen kühn,
in Frühlingsgärten ihre Macht.

Sehr früh zeigt heuer die Natur,
ihr farbenprächtiges Idyll,
denn der April ist wieder stur,
gestaltet sich - wie er es will.

Arbeitslos

Alte Fetzen auf dem Leibe,
sich schämend fleht er hoch zu Gott,
dass der Zustand nicht so bleibe,
und nicht schlimmer wird die Not.

Regenschauer, kühle Winde,
sind nur für kurze Zeit gemein,
nur das Arbeitsamt-Gesinde,
bleibt stets ein eiskalter Verein.

Arbeitslos – ins Ungewisse,
so geht ein jeder Tag dahin,
und sein Leben voller Risse,
hat wenig Zukunft, wenig Sinn.

Trotzdem hofft er auf die Wende,
wünscht sich ein normales Leben,
er hat doch zwei gesunde Hände,
und wird nie - niemals aufgeben.

Aschermittwoch

Ein Ende hat die Schreierei,
der Karneval, er ist vorbei,
Ruhe - kein Helau, kein Alaaf,
die Narren werden wieder brav.

Das letzte Glas ist längst geleert,
Gehsteig und Straße wird gekehrt,
Kamelle, Papier und Flaschen,
und in Mengen Plastiktaschen.

Die Müllabfuhr nimmt alles mit,
denn diese Leute sind noch fit,
der Narr fällt in ein tiefes Loch,
wie immer – am Aschermittwoch.

28.02.2017

Auf der Jagd

Für Förster Kunze ist es schön,
sehr früh schon auf die Jagd zu geh´n,
doch heute spürt er es recht bald,
es ist zu feucht und viel zu kalt.

Drum bricht er seine Jagd schnell ab,
begibt sich heimwärts, fast im Trab,
und seine Frau, - er findet´s nett -
die schläft noch fest, in ihrem Bett.

Er denkt: „Welch kuschliges Revier“,
zieht sich gleich aus und kriecht zu ihr,
sie kommt halb zu sich, die Katrin, -

„Wie ist das Wetter ?" - fragt sie ihn.

Die Antwort kurz: „Ist kalt und nass,
doch sag mir, warum fragst du das.“
„Mein Mann, von Blödheit arg geplagt,
ist bei dem Wetter - auf der Jagd !"

22.10.2016

Augenstern

Mein Herz steht in Flammen,
meine Lippen sind stumm,
ich könnt mich verdammen !
Oder bin ich nur dumm ?

Mein Gefühl sagt Liebe,
die Gedanken sind wirr,
ich spür tausend Triebe !
Vielleicht bin ich irr ?

Im Kopf brodelt Wehmut,
mein Körper erzittert,
ein Vulkan voller Glut !
Bin ich so verbittert ?

Ich kämpfe dagegen,
jeden Tag, jede Nacht,
weil häufig nach Regen,
ein Augenstern lacht.

Auto heute – Auto morgen

Auto – des Menschen liebstes Vehikel,
ist künftig nur noch ein Nutzartikel,
etwas Strom und Luft muss man ihm geben,
und zur Inspektion nach oben heben,
danach den Zielort einprogrammieren,
viel mehr Zeit ist nicht zu investieren,
jedes Navi ist uninteressant,
das Auto selbst wird bald Navi genannt,
es erkennt Ampeln und fährt selbstständig,
ist auch ohne Fahrer flott und wendig,
einen Parkplatz findet es alleine,
auch Verkehrsverstöße macht es keine,
jedes Auto kann sehen und hören,
lässt sich während der Fahrt auch nicht stören,
Verkehrsschilder werden stets beachtet,
nach problemloser Fahrt wird getrachtet,
nachts wird dann die Batterie geladen,
und das Fahrzeug überprüft auf Schaden,
alles wird satelitengesteuert. –
keiner weiß, ob´s gut ist - oder – bescheuert.

© Horst Rehmann
21.10.2016

Brotsorten

Holzofenbrote sind sehr lecker,
es gibt davon längst viele Sorten,
nur leider nicht bei jedem Bäcker,
sie haben´s nicht in ihren Borten.

Weiches Joghurtbrot ist kaum gefragt,
Konsumenten kaufen´s nur zur Not,
in den meisten Läden wird gesagt:

„Ich verzehre lieber Vollkornbrot.“
Nur Roggenbrot mit Walnussgeschmack,
ist seit geraumer Zeit ein Renner,
angeboten wird´s im Kilopack,
und als Häppchen, nur für Brotkenner.

Doch eines Tags gab´s Streit beim Bäcker,
mit einer sonst sehr netten Kundin,
sie schrie: „Es geht mir auf den Wecker,
da ist doch kein Walnussstückchen drin !“

Der Bäcker sprach: „Da nützt kein Suchen,
es ergibt auch wirklich keinen Sinn,
denn auch in einem Marmorkuchen,
ist kein eins´ges Stückchen Marmor drin !"

Das Grabsteinproblem

Leicht verzweifelt spricht ein alter Mann,
einen ortsbekannten Steinmetz an:
„Es ist kürzlich mein Freund verstorben,
ich hätt´ gern ´nen Grabstein erworben."

„Soll es denn was besonderes sein,
oder reicht ein gewöhnlicher Stein,
der schwarze Marmor ist ideal,
mit goldener Schrift, ganz optimal."

„Der schwarze Marmor ist mir genehm,
doch mit der Inschrift wird´s ein Problem,
sein Name ist Kuhschwanz gewesen,
das muss doch wirklich keiner lesen."

„Guter Mann, nun tun sie sich nicht ab,
der Stein ziert bald ihres Freundes Grab,
den Namen werde ich umschreiben,
so, das Erinnerungen bleiben."

Der Stein ist gesetzt, die Zeit vergeht,
der Mann liest, was da geschrieben steht. –
HIER LIEGT VERRIEGELT UND VERAMMELT,
WAS EINST DER KUH AM PO GEBAMMELT.

08.05.2017

Das Leben

Das Leben gleicht einer kurvenreichen Straße,
kann jedoch nicht, - wie die Straße -,
im Nachhinein begradigt werden.

Horst Rehmann
14.08.2011

Der 1. Januar

Heut ist der erste Januar,
das alte Jahr ist nun schon tot,
man ruft sich zu - Prosit Neujahr - ,
das Leben scheint perfekt im Lot.

Menschen tanzen, jubeln, singen,
trinken Champagner, Wein und Punsch,
träumen von den schönsten Dingen,
erfüllen sich so manchen Wunsch.

Es erscheinen Gratulanten,
wünschen ein gutes neues Jahr,
auch die lieben Anverwandten,
sind telefonisch jetzt ganz nah.

Wenn dann der helle Tag anbricht,
macht auch der letzte Gast sich rar,
und man denkt voller Zuversicht,
an das - bevorstehende Jahr.

28.12.2016

Der Autositz

Ich sag´s heut mal ganz ohne Witz,
wie er so ist, der Autositz:
„Ob er nun schmal ist oder breit,
er passt genau in unsre Zeit,
lässt sich auf und ab bewegen,
auch vor und zurück, welch Segen,
die Lehne hat ´ne Kopfstütze,
oft bestückt mit einer Mütze,
weiter unten hängt ´ne Tasche,
ideal für Müll und Flasche,
der ganze Sitz, er ist bequem,
sogar zum Schlafen angenehm,
drum bin ich ehrlich und sag´s barsch,
der Sitz kommt klar – mit jedem Arsch !“

© Horst Rehmann

Der bunte Hund

Der bunte Hund, er ist bekannt,
in Dorf und Stadt, im ganzen Land,
er macht sich breit, mal hier mal dort,
und kennt natürlich jeden Ort,
man lobt ihn weil er alles kann,
doch irgendwie und irgendwann,
findet man den - Wahrheitsbeweis,
der bunte Hund ist nur - schwarz-weiß.

© Horst Rehmann
05.03.2017

De bunte Hund

De bunte Hund, he is bekannt,
överall in Stadt un Land.
He maakt sik breet, maal hier maal dor,
kennt allens un jeden Ort, na kloor.
Man loovt em, wiel he allens kann,
doch jichtens un jichtendwann,
finnd man de Wohrheit - un weet,
de bunte Hund is bloot – swart-witt.

De Bunte Hund

De Bunte Hund, he is bekannt
överall in Stadt un Land.
He maakt sik breet, maal hier, maal dor,
kennt allens un jeden Ort, na kloor.
Man loovt em, wiel he allens kann,
doch jichtenswo un jichtenswann
kümmt rut: De Bunte Hund (so'n Schiet!)
is in Wohrheit bloots swart-witt.

Deutsche Demokratie

Wir nennen es einfach Demokratie,
doch absolut frei sein dürfen wir nie,
auf Wort und Tat wird jeder kontrolliert,
und mit steigenden Steuern schikaniert.

Millionen werden ins Ausland verschenkt,
und dort in die großen Banken gelenkt,
hier spart man das Geld bei den Armen ein,
und schiebt es den Scheinasylanten rein.

Das freie Denken ist nur dem erlaubt,
der an verlogene Politiker glaubt,
oder nur dem, der dumme Floskeln spricht,
weil er doch weiß, dass er sie eh bald bricht.

Die Versorgung der Bedürftigen ist schlecht,
doch die haben hier kein Mitspracherecht,
sie vegetieren am Gesellschaftsrand,
selbst ihre Kinder werden gezielt verbannt.

Der heil´ge Schein der Pfarrer ist verrutscht,
Missetaten werden mit Erfolg vertuscht,
Antwort auf unangenehme Fragen,
wird die Kirche, wie immer, vertagen.

Die größte Schande ist die Politik,
sie spielt für das Volk Begräbnismusik,
verseucht das Land mit Geldgier und Chemie,
und nennt es scheinheilig – Demokratie.

*

Doch ihr Politiker lasst euch sagen,
ihr liegt uns, dem Volk, schon lang im Magen,
ihr wisst doch selbst wie schnell die Zeit vergeht,
und das ihr dann erntet, was ihr gesät.

Du bist mein Stern

Ich bin nicht so wie du gedacht,
drum sieh doch wie ich wirklich bin,
wir haben immer laut gelacht,
ganz einfach so und ohne Sinn.

Du siehst allein das Sonnenlicht,
und ganz selten meine Tränen,
du siehst nicht, wie mein Herz zerbricht,
zeigst mir nur ein müdes Gähnen.

Sei doch wieder wie zu Anfang,
zeig einfach deinen heit´ren Kern,
dann spür ich wieder diesen Drang,
dir zu sagen – du bist mein Stern.

07.04.2017

Du musst nehmen und geben

Du musst dich keinen Tag grämen,
es hat überhaupt keinen Wert,
du musst dich keinesfalls schämen,
das wäre fast immer verkehrt,
du musst dich auch gar nicht kümmern,
um des Anderen Lug oder Trug,
du musst auch keineswegs wimmern,
hast doch täglich Sorgen genug,
du musst niemanden bejammern,
dem ein großes Unrecht geschieht,
du musst ihn nicht fest umklammern,
wenn er sich dreht und sich verzieht,
du musst überhaupt nicht staunen,
über das, was alles passiert,
du musst noch nicht einmal raunen,
besser ist, du bleibst reserviert,
du musst den Menschen nicht hassen,
der ständig nur Ärger dir macht,
du musst ihn gewähren lassen,
bis er wieder irgendwann lacht.

Du musst dich grundsätzlich wehren,
das ist nun mal dein gutes Recht,
du musst den Anderen lehren,
was wirklich gut ist und was schlecht,
du musst dein Dasein selbst lenken,
das gibt deiner Zukunft den Sinn,
du musst jeden Tag nur denken,
ich bin und bleib, so wie ich bin,
du musst leben, nur dein Leben,
denn viel zu lange ist der Tod,
du musst nehmen und auch geben. -
Sieh alles wie ich - als Gebot.

Dumme aufstehen !

Dem Klassenlehrer Friedrich Schlee,
kam eines Tages die Idee,
seine Schüler mal zu testen -
drum gab dieses er zum Besten:

„Alle aufstehen – die dumm sind !"
Es bleibt sitzen, jedes Schulkind,
doch dann erhebt sich besinnlich,
von seinem Stuhl, der Klaus-Hinrich.

Unter den Schülern wird geraunt,
auch Lehrer Schlee ist sehr staunt.
„Hinrich, was ich gar nicht fasse,
du - du bist Bester der Klasse ?!"

Klaus-Hinrich bäumt sich mächtig auf,
räuspert sich kurz und sagt darauf:
„Herr Schlee, ich kann´s einfach nicht seh´n,
dass Sie hier - ganz alleine steh´n !"

Eier abstempeln

Zwanzig Hühner hat er im Stall,
der Landwirt Fridolin Meyer,
pro Monat legt im besten Fall,
jede Henne dreißig Eier.

Ein stets potenter, stolzer Hahn,
erfüllt wie immer seine Pflicht,
macht sich an eine Henne ran,
doch diese mag “es“ heute nicht.

Er packt sie aufgebracht beim Schopf,
fragt nicht danach, ob sie jetzt will,
pickt ihr nur tüchtig auf den Kopf, -
da hält sie plötzlich friedlich still.

Der Hahn macht´s kurz, aber gepflegt,
und sie sieht ihren Fehler ein,
denn jedes Ei, bevor´s gelegt,
muss bestens – abgestempelt sein.

16.10.016

Eigene Normen

Ich leb gern zurückgezogen,
hab mich nie dabei verbogen,
ein klein wenig distanzieren,
heißt doch nicht, Gesicht verlieren.

Auch mein verzerrtes Pflichtgefühl,
erscheint gewissen Menschen kühl,
es kommt auch nicht in ihren Sinn,
das ich vielleicht nur einsam bin.

Trotz allem hab ich Fantasie,
und bin bestückt mit Empathie,
hab keine Wut, die in mir schleicht,
bin etwas launenhaft, vielleicht.

Beim allerersten Augenschein,
mag ich etwas verschroben sein,
leb trotz aller Umgangsformen,
liebend gern – in eignen Normen.

Ein arg schlechter Mensch

Ein arg schlechter Mensch kam in Gefahr,
furchtbar war es, wie zerknirscht er war,
er schwor spontan und äußerst eilig,
bei allem was ihm lieb und heilig,
könnt er nur diesem Leid entrinnen,
ein bessres Leben würd er gleich beginnen,
doch kaum stand er auf sicheren Füßen,
ließ er Übles - noch viel ärger sprießen.

Ein Maler

Ein Maler von der Waterkant,
der reiste einst ins Alpenland,
weil er die Berge nie gekannt,
war er aufs äußerste gespannt.

Als er auf einem Gipfel stand,
geriet er außer Rand und Band,
er nahm sein Malwerkzeug zur Hand,
und malte eine Felsenwand.

Die Mädel fand er sehr charmant,
und Dirndlkleider elegant,
Lederhosen interessant,
die Hosenträger ganz brillant.

Beim Abendbrot im Restaurant,
besorgte er sich Proviant,
und sagte zu sich – Ferdinand,
jetzt geht's zurück zum Nordseestrand.

Ein Paradies

Weit ab vom Großstadtgetriebe,
ein Paradies mit weißem Sand,
ganz genau wie ich es liebe,
versteckt am weiten Ostseestrand.

Ich liege gern an diesem Platz,
erhole mich von früh bis Nacht,
die kleine Bucht, sie ist ein Schatz,
in der mein Herz stets freudig lacht.

Das Wasser ist kristallen klar,
viele Möwen schweben im Wind,
ich streiche die Finger durchs Haar,
bin froh und glücklich - wie ein Kind.

© Horst Rehmann

Eisregen

Eisregen seit einer Stunde,
Menschen drehen Pirouetten,
Hilfeschrei aus vieler Munde,
Sanitäter helfen - retten.

Ein alter Mann stürzt mit dem Rad,
seine Einkaufstüten fliegen,
und landen auf ´nem alten Krad,
dessen Fahrer darf jetzt liegen.

Kinder schlittern auf dem Gehsteig,
finden Halt an einer Oma,
die stürzt mit ihrem Kuchenteig,
und liegt kurz darauf im Koma.

Zwei Autos rutschen kreuz und quer,
sie knallen gegen einen Mast,
der bricht, schießt vorwärts wie ein Speer,
macht erst in einer Hauswand Rast.

Die Polizei ta-tü – ta-ta,
schlingert hin zur Unfallstelle,
und zwei Beamte, hoppala,
üben die Laolawelle.

Eisregen, er macht zu schaffen,
bringt Mensch und Tiere oft in Not,
nur die aus dem Fenster gaffen,
lachen schadenfroh – sich fast tot.

Er redet zu viel

Ein Ostfriese, stets hilfsbereit,
hat gern auch für den Nachbarn Zeit,
dieser muss dringend zum Doktor,
doch er springt nicht an - sein Traktor.

Ein kurzes „Moin“, dann geht es los,
die Fahrt dauert, ´ne Stunde bloß,
beim Arzt geht’s schnell, was für ein Glück,
die Beiden fahr´n sofort zurück.

Der Fahrer kratzt besorgt sein Kinn,
und fragt: „Musst du da noch mal hin ?“
„Nee“, ist die Antwort des Nachbarn,
dann geht er ins Haus, ganz spontan.

Auch der Chauffeur geht in sein Haus,
zieht vorher noch die Schuhe aus,
seine Frau bringt ihm ein Kissen,
und dann will sie von ihm wissen:

„Warum ziehst du Stirnenfalten,
habt ihr euch schlecht unterhalten ?“
„Nein, unser Nachbar hat kein Stil,
der Kerl redet mir - zu viel !“

Experiment --- 3 in 1

Wohl als erster Gedicht-Autor habe ich drei Gedichte in Einem geschrieben.
Dieses Gedicht ist zunächst ganz normal von links nach rechts zu lesen,
dann liest man die Zeilen jeweils nur bis zum Komma
und zu guter Letzt liest man nur die Zeilen nach dem Komma,
somit hat man drei eigenständige Gedichte gelesen.

Experiment --- 3 in 1

Hab jeden Tag so meine Macken, schon früh am Morgen fängt es an,
es schmerzen Bein und Pobacken, ich laufe wie ein alter Mann,
auch im Rücken sticht und beißt es, am rechten Fuß zuckt jeder Zeh,
kein Zahn verträgt was Kaltes, sogar die Arme tun mir weh,
ein Arztbesuch ist angebracht, eine Kur, denk ich, wär wichtig,
bevor man selber Fehler macht, dringend nötig und auch richtig,
drum will ich keine Zeit verlier´n, zum Handeln ist es höchste Zeit,
will einen Facharzt konsultier´n, zur Praxis ist es gar nicht weit.

Schmerzgeplagt steh ich im Raum, guten Tag mein lieber Doktor,
ich traue meinen Augen kaum, was soll ich hier nur im Labor,
überall nur Glasröhrchen, wo ist ein Doc für meine Glieder,
was sollen diese Tieröhrchen, komme besser Morgen wieder,
ich will jetzt hier nur einfach raus, muss noch etwas kontrollieren,
es scheint ich bin im falschen Haus, wollt´ zum Arzt und nicht zu Tieren,
ich hab doch keinen grauen Star, ging einfach nur durchs falsche Tor,
das ist wohl unverkennbar, ich landete im Tierlabor.

Falsch verstanden

Ein Geschichtslehrer der Klasse Acht,
hat sich ein heikles Thema ausgedacht,
er will wissen und zwar klipp und klar,
was Opa denn im zweiten Weltkrieg war.

Feldwebel, General und Leutnant,
werden häufig und spontan genannt,
doch eine Antwort, die vom Ludwig,
macht selbst den Pädagogen stutzig.

Mein Opa, sagt er selbstbewusst, doch nett,
war im Krieg, - starker Ritter in Nazareth,
vor Wochen hat er sich mir offenbart,
er war Soldat von ganz besond´rer Art.

Der Lehrer sagt, das hast du falsch verstanden,
mit diesem Unsinn kannst du hier nicht landen,
es kann nicht sein, klingt auch recht sonderbar,
frag heut Abend Opa, was er denn wirklich war.

Am nächsten Tag der Ludwig dann gesteht,
dass er wohl habe irgendwas verdreht,
Opa war nie der starke Ritter in Nazareth,
lag lediglich - mit starkem Tripper im Lazarett.

© Horst Rehmann

Falsche Propheten

Falsche Propheten kommen hier her,
sie nehmen den Weg über´s Meer,
reden von Kultur und Werten,
von paradiesischen Gärten.

Sie plappern von Lust und Genuss,
erzählen Tag und Nacht Stuss,
sie schänden den christlichen Ort,
selbstverständlich ist für sie, Mord.

All diese neuen Propheten,
wollen das Christentum treten,
sie vollziehen Folter und Qual,
der Fortschritt ist ihnen egal.

Sie kennen auch keinen Respekt,
sind selbst, dumm, verkommen, verdreckt,
diese Hinterwaldpropheten,
sind nur – schmierige Proleten.

09.02.2017

Fensterwahn

Ich halt es hier bald nicht mehr aus,
es läuft ´ne Furie durchs Haus,
die Frau hat einen Fensterwahn,
rennt durch die Zimmer ohne Plan.

Im Laufschritt reißt sie Fenster auf,
nimmt jeden Ärger gern in Kauf,
es pfeift und zieht in jedem Raum,
diese Frau - sie ist ein Albtraum.

Die Heizung hat sie ausgemacht,
sie schreit nach Frischluft Tag und Nacht,
selbst wenn die kalten Stürme weh´n,
bleibt sie am off´nen Fenster steh´n.

Langsam bin ich am Verbittern,
bin von früh bis spät am zittern,
hab ständig eine Gänsehaut,
und meine Zähne klappern laut.

Im Wintermantel schau ich fern,
und bete leis´ zu unsrem Herrn:
„Oh Gott, beschütz mich alten Mann,
nimm dieser Frau - den Fensterwahn.

Feuer im Dorf

Wenn in einem Dorf, das nicht all zu groß ist,
totaler Gleichklang herrscht und nie was los ist,
doch plötzlich eine Scheune brennt wie Zunder,
dann kommt dort große Panik auf - welch Wunder.

Kein Mensch hat jemals hier an Feuer gedacht,
jetzt heult die Sirene um Zwei in der Nacht,
hat alle Dorfbewohner im Nu geweckt,
auch der Feuerwehrhauptmann hat sich erschreckt.

Er springt in seine Uniform, ganz schön fix,
brüllt: „Wo ist denn mein Helm, Frau, ich find hier nix !"
„Der liegt unterm Bett – drum muss ich dich bitten -
er ist schon fast voll, tu bloß nichts verschütten !"

Figuren auf dem Dach

Herr Beck schaut nach oben, verwundert,
er kennt schon lang das alte Bauwerk,
am Schlossweg Nummer Einhundert. –
Da kommt von nebenan , der Hinnerk.

Herr Beck fragt ihn, etwas verlegen:
„Sind die Figuren aus Holz oder Stein ?“
Wenn die sich bis Mittag bewegen,
werden es wohl . die Dachdecker sein !“

26.2.2016

Frei sein

Niemand kann sich vogelfrei fühlen,
ganz unabhängig, ungebunden,
jeder ist täglich nur am wühlen,
ist unterlegen, wird geschunden.

Schon mit Verordnung und Gesetze,
geht manch ein Freiheitsdrang verloren,
die ständig auferlegte Hetze,
wird in der Obrigkeit geboren.

Wer tatsächlich frei sein will - im Geist,
muss stets alleine danach streben,
etwas künstlerisch, vielleicht auch dreist,
kann er diese Freiheit - auszuleben.

30.03.2017

Gedanken zur Weihnachtszeit

Geschmückte Straßen überall,
aus Kirchen tönt der Glockenschall,
in allen Häusern Kerzenschein,
zur Weihnachtszeit muss es so sein.

Doch man sollte auch dran denken,
arme Menschen zu beschenken,
denn nur wer teilt und gerne gibt,
wird auch sein Leben lang - geliebt.

01.12. 2016

Gedicht-Rezept

Man nehme sich ganz einfach eine Form,
nicht rund, nicht eckig, mehr außer der Norm,
streut Gedankengut hinein, sehr zahlreich,
und rührt geschickt, einen deftigen Teig.

Gebacken wird das Gemisch im Gehirn,
nicht all zu lange, sonst runzelt die Stirn,
behutsam zieht man das Gebäck hervor,
und füllt es keck, mit Wahrheit und Humor.

Und zum Schluss, als Tüpfelchen auf dem "i",
garniert man es, mit ´ner Prise Phantasie,
serviert wird das Kunstwerk bei Kerzenlicht,
als gut gelungenes, "Selfmade-Gedicht".

21.04.2017

Gemeinsamkeit

Wir Menschen reden gern und viel,
ganz ohne Sinn, einfach verbal,
das führt nur selten hin zum Ziel,
wird für Beteiligte zur Qual.

Stundenlang Debatten führen,
das ist genau so arg wie Streit,
besser wär´s, sich zu berühren,
um zu versteh´n des Andren Leid.

Nicht mit falschen Augen blitzen,
niemals zynisch Sätze sagen,
sondern mit den Fingerspitzen,
den Kontakt ganz langsam wagen.

Ratio ist angemessen,
und auch ein wenig Heiterkeit,
Streitigkeiten sind vergessen,
geschafft ist die – Gemeinsamkeit.

He Demenz

He Demenz, du machst mich fertig,
nimmst mir die ganze Lebenslust,
bist stets da und gegenwärtig,
versetzt mich immer mehr in Frust.

He Demenz, ich kann nicht schlafen,
weil du mich durcheinander bringst,
ich brauch´ einen Ruhehafen,
in dem du nicht um Herrschaft ringst.

He Demenz, du bist ein Scheusal,
verordnest mir Vergesslichkeit,
du bist ein Quälgeist, ein Skandal,
und treibst es wirklich viel zu weit.

He Demenz, ich möchte leben,
ohne dich allein nur walten,
glücklich sein, vor Wonne schweben,
und mein Dasein selbst gestalten.

He Demenz, du bist ein Lastschiff,
quälst mich jeden Tag aufs Neue,
du steuerst hin, direkt zum Riff,
zeigst nicht eine Spur von Reue.

He Demenz, du böses Laster,
rein alles bringst du aus dem Lot,
irgendwann kommt´s zum Desaster,
wir geh´n gemeinsam - in den Tod.

Herren-Toiletten-Haus

Der Klaus, der sieht im Herren-Toiletten-Haus,
bei seinem Nebenmann kommen zwei Strahle raus,
er denkt – so etwas kann doch gar nicht möglich sein,
ein Mann hat doch nur ein einziges Zipfelein.

Doch Klaus lernte schon in seinen Kindertagen,
wenn man etwas wissen will, dann muss man fragen.
„Mein Herr, was ist mit ihrem Zipfel geschehen,
zwei Strahle, das hab ich noch niemals gesehen ?“

„Mein guter Freund, ich wurde im Krieg bombardiert,
man hat mir ´nen zweiten Ausgang hin-operiert !“

An einem anderen Tag, in dem selben Haus,
beim Nebenmann kommt 'ne Vielzahl von Strahle raus.
„Ich versteh´, Kriegsverletzung !" - sagt Klaus ungehemmt.
„Blödsinn, ich hab das Ding im Reißverschluss verklemmt !"

14.10.2016

Hitze

Diese Hitze macht mich nieder,
Kopfschmerz plagt mich immer wieder,
in allen Räumen Hitzestau,
mir wird ganz schummrig und ganz flau.

Der Sommer ist ´ne schöne Zeit,
doch diese Hitze geht zu weit,
würde gern mal draußen sitzen,
einfach so, ganz ohne schwitzen.

Sind zwar gut, die Sonnentage,
nur die Hitze ist ´ne Plage,
täglich raus, den Garten gießen,
nur damit die Blumen sprießen.

Ab und zu ein Regenschauer,
nur ganz kurz und nicht von Dauer,
die Abkühlung wär wunderbar,
drum, pralle Hitze – mach dich rar.

Ich bin wie Obst

Ich bin wie Obst, reif vor mich hin,
das hat, weiß Gott, so seinen Sinn,
ohne Angst und ohne Bange,
reife ich schon sehr, sehr lange.

Bin noch nicht schlaff und auch nicht weich,
hab wenig Falten, bin nicht bleich,
und auch mein Kern, tief innerlich,
ist hart und fest und ritterlich.

So nimmt das Reifen seinen Lauf,
ich nehm es hin, nehm es in Kauf,
erst wenn der Zeitgeist nach mir greift,
bin ich vollständig ausgereift.

Doch das ist noch ein weiter Weg,
bergauf, bergab, gerad und schräg,
ich geh ihn gern, ganz elegant,
werd nicht alt - nur interessant.

Ich will

Ich will nur noch vorwärts gehen,
niemals mehr nach hinten sehen,
ich lebe jetzt, im Hier und Heut,
und nicht in der Vergangenheit.

Ich will nur nach vorne sehen,
um mein Sichtfeld zu verstehen,
was Morgen ist, bleibt eh geheim,
so wird es auch in Zukunft sein.

Ich will nur noch vorwärts denken,
jede Stunde mir nur schenken,
Gedanken immer gut sortieren,
“Wenn und Aber“ kalkulieren.

Ich will den Weg geradeaus,
er führt ins Licht und nicht ins Aus,
drum nutz ich die Gelegenheit,
Realist zu sein – lange Zeit.

© Horst Rehmann

Ignorieren

Du willst mit dem Fortschritt gehen,
bewegst jedoch die Beine nicht,
Du kannst ständig Unheil sehen,
und öffnest Deine Augen nicht.

Du kannst täglich Schlechtes hören,
hältst stramm die Ohren verschlossen,
gerne möchtest du dich wehren,
doch du bist viel zu verdrossen.

Du lässt schlimme Worte krachen,
damit´s wie ein Aufstand erscheint,
und deine Lippen sie lachen,
obwohl dein Herz bitterlich weint.

Du schiebst die Wahrheit zur Seite,
unterdrückst den lauthalsen Schrei,
suchst lieber ganz schnell das Weite,
denkst brummig, es geht schon vorbei.

Du hörst und siehst dem Bösen zu,
würdest gern etwas monieren,
doch dir ist klar, zuerst kommst du,
dein Fazit lautet – ignorieren.

Im Schotten-Postamt

Der Schotte Glenn Macmillan im City-Postamt von Glasgow,
will kurz ein Telegramm zur Freundin aufgeben - nach Oslo.
„Mein eigener Name, Fräulein, das wollte ich noch fragen,
kann ich doch völlig kostenfrei im Formular eingetragen ?"

Das nette Fräulein am Schalter, sie lächelt und nickt zunächst,
„Ganz richtig Sir, bezahlt wird im Telegramm, stets nur der Text."
„Wenn ich den Text ganz weglasse, was zahle ich dann dafür ?“
„Dann zahlen sie natürlich nur, die Telegramm-Grundgebühr.“

Der schottische Mann hat es dann wirklich ganz clever gemacht,
schreibt nur seinen Namen drauf:
„ANCOME VON MONTA GHALBACHT"

24.04.2017

Im Sturzflug

Der Maikäfer Klaus trifft seinen Freund Hardy,
sie waren erst gestern auf einer Party.
„Oh Mann, lieber Hardy, wie siehst du denn aus ?"
„Ach ja, mir geht es wirklich beschissen, Klaus !"

„Ich trag um den Leib einen dicken Verband,
hab letzte Nacht mich ganz grausam verbrannt !"
„Was ist denn passiert“, fragt Klaus ganz betroffen,
„warst du denn gestern wirklich so besoffen ?“

„Ich sah ein hübsches Glühwürmchen von weitem,
und wollte ihr eine Sexnacht bereiten,
im Sturzflug schnappte ich sie, Richtung Bette,
doch was da glühte - war 'ne scheiß Zigarette !"

05.05.2017

Im Supermarkt

Heut früh war ich im Supermarkt,
vorn, im Obst und Gemüsetrakt,
vor mir am Boden ´ne Kiwi,
und ich, latschte drauf, ich Rindvieh.

Lang ausgestreckt auf den Fliesen,
musste ich dann auch noch niesen,
schlug mit dem Kopf auf Tomaten,
mein Einkauf, er musste warten.

Hab mich langsam aufgerappelt,
und wohl etwas arg gezappelt,
Gurken kamen mir entgegen,
bin gleich wieder flachgelegen.

Zog mich am Holzregal empor,
verletzte mich dabei am Ohr,
hörte das Kundengeschreie,
flüchtete hinaus ins Freie.

War noch kurze Zeit benommen,
sah mein Umfeld leicht verschwommen.
Jetzt seh´ ich alles wieder klar,
denn - kein Wort von dem hier - ist wahr.

...ion

Im Klinikum nahe Lion,
gab es eine Sensation,
in der Intensivstation,
nach einer Operation.

Laut der Interpretation,
der Krankenhausdirektion,
gab´s bei der Nierenfunktion,
zunächst ´ne Komplikation,
die aber durch Perfektion,
und der Kommunikation,
der Ärztedelegation,
sowie der Schnellinjektion,
und einer Transplantation,
in einer fixen Aktion,
und einer Kombination,
mit kleiner Bluttransfusion,
und sehr viel Konzentration,
eine Neutralisation,
der gesamten Konstruktion,
erforderte - als Option.

„Nach solch einer Attraktion,
und genauer Inspektion,
gab es keine Infektion“,
sprach die Facharztinstitution,
„Gratulation !“

Jeder sollte...

mit den Sinnen nicht nur denken,
sondern sie zu Taten lenken,
überall im ganzen Leben,
das erlernte weiter geben,
Stress und Hektik überwinden,
täglich auch zur Ruhe finden,
nicht nur an sich selber denken,
Andern auch viel Freude schenken,
Verrücktes tun und nicht bereu´n,
an kleinen Dingen sich erfreu´n,
nicht nach hohen Zielen streben,
ruhig und genügsam leben,
sich von Habsucht distanzieren,
nicht den Überblick verlieren,
stets spüren was in Wahrheit zählt,
vergessen das, das ständig quält,
erleben, was das Herz gern mag,
die Liebe pflegen - jeden Tag.

Junges Reh

Im Wald steht scheu ein junges Reh,
die Glieder tun vom springen weh,
der Lebensfreude bleibt es treu,
ist trotzdem unsicher und scheu.

Doch plötzlich tauchen Jäger auf,
die Hetze nimmt nun ihren Lauf,
das scheue Reh rennt hin und her,
versteht vor Angst nun gar nichts mehr.

Die Jäger sind so laut und wild,
das Reh erschrickt vor diesem Bild,
rennt in den tiefen Wald hinein,
macht kurze Pausen zwischendrein.

Retten konnte es sein Leben,
doch sein Herz ist stark am beben,
denn Jäger sind fast überall,
das Reh hat Angst - bei jedem Knall.

Karriere

Streber klettern auf der Leiter,
immer höher, immer weiter,
wollen hoch zur Chefetage,
bringen Mitmenschen in Rage.

Sehen in Kollegen Neider,
nennen sie gar Hungerleider,
sind sie vom anderen Geschlecht,
ist ihnen das partout nicht recht.

Skrupellos Karriere machen,
Feuer, wo´s nur geht, entfachen,
das ist des Strebers Machenschaft,
für sie verprasst er seine Kraft.

Und ist er dann der Chef im Haus,
nimmt Freund und Personal Reißaus,
der Machtkampf hat sich nicht gelohnt,
ein solcher Boss ist fix - entthront.

Kugelblitz

Drei Tafeln Nussschokolade,
und drei Flaschen Limonade,
das ist, das Frühstück von Harald,
der Knirps ist grad mal zwölf Jahr alt.

Eineinhalb Zentner ist er schwer,
sieht längst seine Füße nicht mehr,
hat ein enormes Doppelkinn,
und nichts als Faulenzen im Sinn.

Mittags würgt er sich Pizza rein,
Nachtisch muss Eis mit Sahne sein,
drei Stücke Torte dann um Vier,
verschlingt er hastig mit viel Gier.

Er isst Bauchspeck und fette Wurst,
schlürft den Kakao gegen Durst,
im Bett sind viele Bonbons dran,
weil er dann besser schlafen kann.

Und während er am Lutscher nagt,
hört er noch was sein Vater sagt:
„Harald, verdammt nochmal nimm ab,
sonst liegst du schon als Kind im Grab.“

„Im ganzen Ort bist du bekannt,
wirst spöttisch Kugelblitz genannt,
nun schlafe gut, es ist schon spät,
ab morgen machst du stramm – Diät !“

© Horst Rehmann

Lachen

Keineswegs an gestern denken,
Blicke nur nach vorne lenken,
auch wenn letzte Tränen fließen,
jede Stunde voll genießen,
So, genauso weitermachen,
nur noch lachen, lachen, lachen.

Die miese Laune geht vorbei,
sogar der Kopf wird wieder frei,
Zeit die Mundwinkel zu heben,
konzentrieren auf das Leben,
vergessen Leid und Seelenschmerz,
so spürt die Freude auch das Herz.

Verflogen ist der ganze Frust,
jetzt ist sie da, die Lebenslust,
glücklich, fröhlich und stets heiter,
läuft die Zeit viel besser weiter,
so, genau so weitermachen,
nur noch - lachen, lachen, lachen.

Liebe, Glaube, Hoffnung

Liebe – ist ein Muss im Leben,
mit ihr wird manches Ziel erreicht,
Liebe nehmen, Liebe geben,
dieses Spiel ist kinderleicht.

Glaube – ist es bei den Menschen,
der ihren Weg durchs Leben bahnt,
Glaube und ein gutes Händchen,
schafft weit mehr, als mancher ahnt.

Hoffnung – heißt nach vorne blicken,
nur so kann sie die Rettung sein,
jedes Leid wird schnell ersticken,
was folgt, ist heller Sonnenschein.

So steht dem Glück nichts mehr im Weg,
es ist tagtäglich auf dem Sprung,
drei Worte sind dafür Beleg,
Liebe – Glaube – Hoffnung.

Lieber Nikolaus

Mein lieber, guter Nikolaus,
sei nett und komm zu mir nach Haus,
bring mir bitte schöne Sachen,
die mir große Freude machen.

So gern hätt ich ein Kuscheltier,
auch etwas Naschzeug wünsch ich mir,
Nüsse, Kekse, Mandarinen,
und aus Marzipan, Pralinen.

Die Schuhe steh´n im Korridor,
für dich leg ich ein Herz davor,
hab´s selbst gemalt am Nachmittag,
für dich allein, weil ich dich mag.

Ich hoff´, ich hab dich nicht gestört,
und du hast meinen Wunsch erhört,
jetzt sag ich dir ganz lieb und nett:
„Gut Nacht Niklas - ich geh ins Bett."

Lob und Achtung

Nach Lob und Achtung trachten wir,
für die Leistung, die wir bringen,
wir kämpfen wie ein Alphatier,
um stets Gutes zu vollbringen.

Auf den schon lang ersehnten Lohn,
ein liebes Wort, ein Dankeschön,
warten wir seit Jahren schon,
doch was wir hören, ist Gestöh´n.

Trotz Mühe, Tatkraft und viel Fleiß,
macht sich die Anerkennung rar,
sie schleicht vorbei, ganz still und leiß´,
nimmt unsren Eifer gar nicht wahr.

Wir hoffen nicht auf Lobgesang,
nur auf - ein wenig Dankbarkeit,
und gehen weiter diesen Gang,
bis sie vorbei ist – unsre Zeit.

Mensch und Natur

Menschen sind völlig respektlos,
stecken voller Raffsucht und Gier,
verängstigt haben sie restlos,
jedes noch freilebende Tier.

Auch in den Kreislauf der Natur,
mischen sich die Ausbeuter ein,
sie wollen auf der Erde nur,
stinkreiche Magnaten sein.

Gesetze werden missachtet,
wo´s nur geht wird ausgebeutet,
ständig wird nach Geld getrachtet -
Planet Erde ausgeschlachtet.

Mensch verbünde dich zur Herde,
schrei den Ganoven ins Gesicht:
„Wir alle brauchen die Erde,
Erdballzerstörer - braucht sie nicht !"

Menschen

Auf der ganzen Welt beklagt man sich,
dass Menschen lügen und betrügen,
sie stehlen und sind auch noch glücklich,
wenn sie den Andern Leid zufügen.

Sie schüren überall das Böse,
kennen weder Anstand noch Respekt,
verursachen ein Mords-Getöse,
halten sich im Hintergrund versteckt.

Doch zum Glück gibt es auch Menschen hier,
die müssen sich vor nichts verstecken,
sie sind da, ganz ohne Hass und Gier,
ihr Rechtsgefühl muss man nicht wecken.

Sie sind Bestandteil der Gesellschaft,
und zum Glück in großer Überzahl,
diese Tatsache ist fabelhaft,
und für des Menschen Zukunft – optimal.

14.11.2016

Mutter sagte:

Es ist nicht alles Gold, das glänzt.
Doch der Mensch lässt sich gern blenden,
es werden Dinge ihm kredenzt,
die oft bitterböse enden.

Mutter sagte:
Lügen haben kurze Beine,
erlaubt ist nur die Notlüge,
manchmal bringt sie was ins Reine,
und verhindert selbst Betrüge.

Mutter sagte:
Jedes Schicksal nimmt seinen Lauf.
Man kann wirklich nichts dran ändern,
denn Schicksalsschläge gibt´s zu Hauf,
hier und auch in andern Ländern.

Mutter sagte:
Die Morgenstund hat Gold im Mund.
Den Satz fand ich noch niemals nett,
ich bin noch fit und auch gesund,
lag immer schon bis Neun im Bett.

Mutter sagte:
Der Hochmut kommt stets vor dem Fall:
Das kennt man auf der ganzen Welt,
bei Herrschern ist es ganz fatal,
sie fallen wegen Macht und Geld.

Mutter sagte:
Weisheiten gibt es in Massen,
die Meisten stimmen auch aufs Wort,
es ist wahr, doch kaum zu fassen,
man kennt sie fast - in jedem Ort.

Neue Kraft

Wenn der Morgen die Nacht vertreibt,
und dunkle Schatten verschwinden,
bleibt, wenn man die Augen sich reibt,
nur ein Rest von Traumgebinden.

Der frische Tag ringt dann wieder,
perfekt, gekonnt und zielsicher,
die letzte Müdigkeit nieder,
und stellt neue Lebenskraft her,

Auch das Dasein wandelt sich dann,
erkennt bei Licht neue Wege,
wird zum Abenteurergespann,
hält Geist und Gedanken rege.

Bis erneut die Nacht Schatten wirft,
sich wieder Träume ergeben,
und das Unterbewusstsein schürft,
nach mehr - neue Kraft - fürs Leben.

Nicht nur denken

Die Gedanken nicht nur denken,
sondern jeden Tag durchleben,
seine Zeit nicht nur verschenken,
nicht nur nehmen, auch mal geben.

Stress und Hektik überwinden,
ein paar ruhige Stunden finden,
andern Menschen Freude schenken,
doch auch an sich selber denken.

Ganz bewusst sein Leben leben,
und nicht nur nach Wohlstand streben,
an kleinen Dingen sich erfreu´n,
Verrücktes tun und nicht bereu´n.

Verspüren, dass auf dieser Welt,
die allerkleinste Freude zählt,
als Fazit kommt heraus zum Schluss:
„SO IST DAS LEBEN – EIN GENUSS !"

22.08.2016

Noch mal ZWANZIG sein

Es war doch eine schöne Zeit,
man lebte stets in Saus und Braus,
hinzu kam noch die Wendigkeit,
warum ist das heut alles aus.

Das Alter bringt nur Last und Pein,
man müsste noch mal zwanzig sein.

Bei jedem Fest war man dabei,
feierte bis in den Morgen,
man fühlte sich so frank und frei,
Heiterkeit verdrängte Sorgen.

Im Alter trinkt man einsam Wein,
man müsste noch mal zwanzig sein.

Man reiste gerne um die Welt,
lernte viele Menschen kennen,
verprasste jede Menge Geld,
setzte selbst beim Pferderennen.

Das Altern bremst kein Euroschein,
man müsste noch mal zwanzig sein.

Von Krankheit wurde man verschont,
der Arztbesuch war Seltenheit,
die Fitness wurde noch betont,
durch Muskelkraft und Eitelkeit.

Beim Altern stört manch Zipperlein,
man müsste noch mal zwanzig sein.

Die Gelenke wurden steifer,
doch man verstand es einfach nicht,
das der Mensch trotz Schwung und Eifer,
nach langem Dasein mürb zerbricht.

Zum Altsein kommt nun das Allein,
man müsste noch mal zwanzig sein.

16.04.2011

Nun warte doch

Sie kennen sich erst zehn Tage,
da stellt er frech ihr die Frage:
„Wer lebte denn sonst so mit dir,
wie viele Männer warn' s vor mir ?"

Etwas verdutzt schaut sie ihn an,
legt sich auf den weichen Diwan,
nicht, dass sie sich verärgert zeigt,
nein, nein, sie räkelt sich und schweigt.

Der Nachmittag geht schnell dahin,
er sitzt seit Stunden am Kamin,
doch seine Ungeduld die plagt,
bis er sie äußerst zaghaft fragt:

"Bist du noch bös, mein lieber Schatz,
war es von mir, ein dummer Satz ?“
Als Antwort kommt: „Nun warte doch,
werd´ nicht nervös - ich zähle noch !“

© Horst Rehmann
03.05.2017

Obdachlos

Ein kühles Lüftchen macht ihn wach,
als Morgengruß ein Vogel singt,
sein Unterschlupf ist ohne Dach,
ins Erdloch feuchter Nebel dringt.

Verkrampft und fröstelnd döst er weiter,
sein krankes Hündchen jault und weint,
ist seit Jahren sein Begleiter,
auf Schritt und Tritt mit ihm vereint.

Der Obdachlose rafft sich auf,
und trippelt Richtung Innenstadt,
das hungrig sein nimmt er in Kauf,
wartet – wer etwas übrig hat.

© Horst Rehmann

Parkinson

He Parkinson, nimm es nicht krumm,
wenn man dich hasst im ganzen Land,
du bist doch einfach nur strunz dumm,
wird Zeit, dass man dich hier verbannt.

Schnapp dir deine Siebensachen,
verschwind auf Nimmerwiedersehen,
du nimmst Menschen jedes Lachen,
darum geh und bleib nicht stehen.

Parkinson du bist ein Scheusal,
ein unerwünschter Plagegeist,
ein Ungeheuer, eine Qual,
dazu noch unverschämt und dreist.

Fahr doch zur Hölle Parkinson,
quartiere dich bei Satan ein,
er nimmt dich auf wie einen Sohn,
Erkrankte würden glücklich sein.

© Horst Rehmann

Plagende Gedanken

Gedanken plagen uns zur Zeit,
weil Gelder nur ins Ausland gehn,
die Abzocke, sie macht sich breit,
der Bürger kann es nicht versteh´n.

Türken holen sich Millionen,
verprassen fleißig unser Geld,
Flüchtlingsdeal, er muss sich lohnen,
der Erdogan, der zeigt´s der Welt.

Deutsche Bürger müssen´s büssen,
die Rentner werden kaum noch satt,
die Regierung tritt mit Füssen,
das deutsche Wirtschaftswunder platt.

Menschen werden nur belogen,
von den Parteibossen im Frack,
steuerlich auch noch betrogen,
und obendrein beschimpft mit - Pack.

© Horst Rehmann
22.03.2017

Positiv denken

Manchmal denkt man, dass alles steht,
das irgendwie gar nichts mehr geht,
dann dauert es eine Weile,
ganz, ganz langsam ohne Eile,
es braucht eine gewisse Zeit -
dann macht sich´s Leben wieder breit.

Man sollte stets geduldig sein,
nicht jeder Schmerz heilt von allein,
mit etwas Mut und Willenskraft,
wird jedes Hindernis geschafft,
Kummer, Sorgen und auch Plage,
überdauern dann nur Tage.

Manches Leid braucht etwas länger,
es umschließt das Herz viel enger,
doch irgendwann geht's auch vorbei,
man fühlt sich wohl, doch nicht ganz frei,
positiv muss man dann denken,
das Schicksal selbst - etwas lenken.

Qualm und Dunst

Wer tagtäglich in der Küche steht,
weiß, dass vielfach was daneben geht,
manch einer muss den Pfannekuchen,
den er so brutzelt, auch mal suchen,
weil sich beim Wenden oft die Pfanne,
sowohl bei Frau als auch beim Manne,
mit ´nem flottem Schwung sich hoch erhebt,
und der Kuchen an der Decke klebt,
oftmals fällt er dann, man glaubt es nicht,
dem Verdutzten schnurstracks ins Gesicht,
worauf nun dieser, zutiefst gekränkt,
diese Pfanne einen Kumpel schenkt.

In der Küche ist auch schon passiert,
wenn die Pfanne nicht mit Fett geschmiert,
dass statt dem schmackhaften Omelette,
man verwundert sieht, nur ein Brikett,
und von dessen zweifelhaftem Duft,
sich dann ruckzuck füllt die Küchenluft,
kein einziger der Küchenhelden,
wird sich alsdann zu Worte melden,
nein, man sieht des Koches hohe Kunst,
wie sie verschwindet - in Qualm und Dunst.

06. 03.2017

Regenband

Ein breites, schwarzes Regenband,
zieht heute übers ganze Land,
von Norden, von der Waterkant,
bis tief hinein ins Bayernland.

Das Autofahren sei riskant,
das gaben Medien bekannt,
die Menschen lauschen sehr gespannt,
dem aller neusten Pegelstand.

Das Wetter wurde auch benannt,
es heißt ab heut, Tief Ferdinand,
und bleibt noch Stunden dominant,
hauptsächlich über Süddeutschland.

Ein Kleinbus, der im Tief verschwand,
entdeckte man in Schlamm und Sand,
das Unglück sah auch ein Passant,
vor Schreck verlor er den Verstand.

Ein Fußgänger am Straßenrand,
der brüllte laut und eklatant:
„Wo ist mein Auto, mein Trabant ?,
dies Sauwetter ist eine Schand !"

Rentnertreff im Land-Cafe

Rentnertreff im Land-Cafe,
mit juch-hu und viel juch-he,
der Besitzer ruft recht keck,
nehmt doch Platz im Blumeneck,
Rentnerinnen hier entlang,
Rentner auf die Lederbank,
und damit es jeder weiß,
heute gibt's Vanille-Eis,
heiße Himbeer´n sind dabei,
Zuckerwaffeln kostenfrei,
und weil heut´ das Treffen ist,
spielt für euch ein Pianist,
singt auch voller Heiterkeit,
Schlager aus der alten Zeit,
La Paloma ist sein Hit,
singt doch bitte alle mit,
wenn ich jeden singen hör,
gibt es gratis ´nen Likör,
fühlt euch wohl im Land-Cafe,
gleich gibt es Kamillentee,
und danach verlosen wir,
die fünf Rosenstöcke hier,
außerdem ist angedacht,
Tanz bis in die späte Nacht,
einzeln sagt euch dann ade,
euer Freund vom – Land-Cafe.

27.10.2016

Ruhe am Abend

Den letzten Blick zur Sonne,
die am Horizont versinkt,
genieße ich mit Wonne,
weil ein Vogel dazu singt.

Der Abend bringt die Stille,
daheim im Ruhehafen,
hernach ist es mein Wille,
ganz tief und fest zu schlafen.

Etwas Kraft tanken im Traum,
dem Alltagstrott entrinnen,
versinken in Zeit und Raum,
dann - darf der Tag beginnen.

Schlagfertiger Sohn

Mutter wartet voller Sorge,
auf den Sohnemann George.
„Warum kommst du so spät Haus ?“
„Dein Training ist doch längst schon aus !“

„Wo hast du dich rumgetrieben ?“
„Auf der Uhr ist es halb Sieben,
deine Lippen sind dick und blau,
dreh dich nicht um, ich seh´ es genau !“

„Wie oft muss ich´s dir noch sagen,
du sollst dich nicht ständig schlagen,
zwei Zähne hast du auch verlor'n,
ausgerechnet oben und vorn !"

"Nein Mutti, vergiss deinen Zorn,
die Zähne hab ich nicht verlor'n,
schau, ich kann dich überraschen,
sie sind in meinen Sporttaschen !"

Schlecht getroffen

Der Oberförster, Vater vom Klaus,
kam fast täglich mit Wildbrett nach Haus,
so auch am Freitag dem Dreizehnten,
als beide sich am Tisch anlehnten.

Der Förster sprach zum Klaus ganz offen:
„Hab heut deinen Lehrer getroffen ..."
Der Sohn unterbrach ihn mit Freuden:
„Den konnt` ich sowieso nicht leiden."

Wutentbrannt wurde der Vater laut:
„Von deinem Fleiß war er nicht erbaut,
und außerdem wird´s wohl kritisch jetzt,
so wie´s aussieht, wirst du nicht versetzt !"

Der Sohn verdaute das Erwähnte,
meinte: „Heut ist doch der Dreizehnte,
um mir etwas Freude zu gönnen -
hätt´st wirklich besser treffen können !"

© Horst Rehmann

Schneeflocken

Schneeflocken, sanft, zart, leicht und weiß,
so, als wären´s Gänsedaunen,
schweben zig tausendfach und leis,
sorgen stets für großes Staunen.

Erhell´n die Nacht mit ihrem Schein,
und ihrem wundervollen Glanz,
es könnten wahrlich Engel sein,
die dort vollziehen ihren Tanz.

Diese, so wunderschöne Pracht,
in ihrem glitzernd hellen Weiß,
verzaubert, dass die Kindheit lacht,
und auch der knurrig, alte Greis.

Schotte beim Autokauf

Ein Schotte überlegt seit Tagen:
„Was kauf ich mir für einen Wagen,
ein Sportcoupé mit nur zwei Sitzen,
um auf der Autobahn zu flitzen ?.“

„Vielleicht auch eine Limousine,
für Frau und Tochter und Cousine ?"
„Nein, ich bin ein Schotte, denkt der Mann,
weiß genau, womit ich sparen kann !“

Als er´s dann mit seiner Frau bespricht,
hört er: „Ein Coupé gefällt mir nicht,
wir können nicht, wie schon seit Jahren,
mit Freunden in den Urlaub fahren..."

„Mein lieber Schatz, an diesen Tagen,
fahr´n wir bei IHNEN mit im Wagen,
unser riesen Vorteil ist es dann,
stressfrei fangen wir das Sparen an !"

Sehnsucht

Ich sehne mich mit dir zurück,
in dieses sonnenhelle Land,
das wir mit Freud´ und voller Glück,
einst unser Liebesland genannt.

Die Wirklichkeit war so weit fort,
Vögel sangen Kuschellieder,
für uns war es der schönste Ort,
küssend sanken wir hernieder.

Wir kannten weder Raum noch Zeit,
gingen sorglos durch das Leben,
ich frag mich heut voll Traurigkeit:
„Wird es DAS - je wieder geben ?“

© Horst Rehmann
17.02.2017

Sich bereichern

Ein Räuber mit Pistole zielt auf dich,
schreit laut: „Gib dein Geld her, sonst schieße ich !"
Ein großer Fußballstar hingegen spricht:
„Gebt mir mehr Geld, ansonsten schieß ich nicht !"

Wenn man es also genauer besieht,
ist das ein verdammt großer Unterschied,
doch letztendlich haben beide ein Ziel -
sich zu bereichern, mit Geld, mit sehr viel.

© Horst Rehmann
30.05.2018

So will ich nicht sein

Ich bin nicht glatt, bin auch nicht klein,
trotzdem geschliffen vom Leben,
will nie wie ein Kieselstein sein,
wehre mich ständig dagegen.

Aalglatt im Lebensfluss liegen,
nur nicht rutschen, nicht anecken,
starr sein, sich niemals verbiegen,
ich will´s nicht, nicht ums Verrecken.

Nein, ich schwimme nicht mit, niemals,
stelle mich gern den Problemen,
steht das Wasser mir bis zum Hals,
werd ich mich sicher nicht schämen.

Ich werd gewiss kein Kieselstein,
beweg mich lieber frank und frei,
nein, oh nein, so will ich nicht sein,
der Druck des Stroms – ist mir einerlei.

01.02.2016

Sonnenblume

Hast du einen eignen Garten,
ganz egal, ob groß, oder klein,
nimm dir im Frühjahr den Spaten,
setz eine Sonnenblume ein.

Schon im Juni wird sie blühen,
und hellgelb leuchten, wunderbar,
als würden Sonnenstrahlen glühen,
so zeigt sich dieses Exemplar.

Sie blickt immer hin zur Sonne,
von morgens früh bis abends spät,
welch ein Schauspiel und welch Wonne,
ihr zuzuschau´n, wie sie sich dreht.

Selbst wenn die Sonne dann und wann,
von dunklen Wolken wird verhüllt,
schau dir die Sonnenblume an,
sie ist genau - ihr Ebenbild.

Strafzettel

Ein Autofahrer, er ist fast schon zu Haus,
dem hängt vom Alkohol, die Zunge heraus, -
das sieht ganz verwundert, der Wachtmeister Kraus,
er schreibt kurzerhand, einen Strafzettel raus.

„Sie sind doch betrunken und fuhren zu schnell,
das kann ich nicht dulden - ganz prinzipiell,
hier ihr Strafzettel – ihr Auto bleibt steh´n – gell,
das ist nun die Strafe, mein lieber Gesell !"

Der Betrunkene lallt, mit langem Gesicht:
„Ich les es zu Hause, bei besserem Licht,
dort liegt meine Brille, so seh ich es nicht,
außerdem muss ich gleich mit dem Krad – zur Schicht !"

© Horst Rehmann
26.02.2017

Suche nach Ehefrauen

Zwei junge Männer im Einkaufsmarkt,
stehen kurz vor einem Herzinfarkt,
sie suchen ihre Ehefrauen,
die “kurz“ nach Damenwäsche schauen.

Einer der Männer, mit Namen Klaus,
fragt: „Wie sieht denn deine Holde aus ?"
"Sie ist sehr hübsch, hat blonde Haare,
trägt Minirock, ist zwanzig Jahre.“

„Nun sag du mir bitte, lieber Klaus,
wie sieht deine Zuckerpuppe aus ?"
„Ach weißt du, wir lassen die Meine,
und suchen am besten - nur Deine !"

© Horst Rehmann

Urlaub auf dem Bauernhof

Ein Fräulein, sparsam, gar nicht doof,
macht Urlaub, auf dem Bauernhof,
die Sonne scheint, die Luft ist frisch,
sie isst beim Bauern mit am Tisch.

Ein Wildbach lädt zum Rudern ein,
das Wasser ist glasklar und rein,
wunderschön ist auch die Aussicht,
nur ein´s gefällt dem Fräulein nicht.

Haus und Zimmer, zwar gediegen,
doch schon morgens - schwarze Fliegen,
sie spricht deshalb den Bauern an,
ob er da etwas ändern kann.

Der Bauer antwortet sehr nett:
„Bleiben sie doch bis Zehn im Bett,
sie werden´s erleben und seh´n,
die Fliegen verschwinden – um Zehn,
angelockt durch Bratgerüche,
sind dann alle - in der Küche !"

© Horst Rehmann
26.01.2017

Vergesslicher Opa

Früh morgens ruft der Opa an,
klein Willibald ist sofort dran,
es ist heut sein Geburtstagsfest,
und Opa macht mit ihm ´nen Test.

„Weißt du, was mich interessiert,
wer jetzt grad´ hier, dir gratuliert,
ob du noch meine Stimme kennst,
und mich auch gleich beim Namen nennst ?“

Opa denkt ganz unbekümmert:
„Mal sehen, ob er sich erinnert ?“
Er fragt darum, ganz lieb und innig:
„Sag mir Willibald, wer bin ich ?"

„Ach bitte Mutti“, spricht der Sohn,
„der Opa ist am Telefon,
und das du gleich im Bilde bist, -
er weiß wohl nicht mehr, wer er ist !"

© Horst Rehmann

Worte, Sätze, Gespräche

Worte die bei Menschen landen,
werden sehr leicht missverstanden,
nicht selten kommt´s zur Streiterei,
manchmal sogar zur Prügelei.

Jeder Austausch kann nur glücken,
wenn man lernt, sich auszudrücken,
ohne schreien, ohne brüllen,
Sätze einfach richtig füllen.

Wenn auch manche Sätze stören,
lohnt sich´s trotzdem hinzuhören,
um Gespräche zu gestalten,
immer vorher – Hirn einschalten.

@ Horst Rehmann

Zivilisiert, kultiviert ?

Ich dachte noch vor kurzer Zeit,
die Menschheit sei längst kultiviert,
doch wo ich hinschau, weit und breit,
wird nur gemordet – ungeniert.

Köpfe werden abgeschnitten,
es wird gefoltert unentwegt,
um den Glauben wird gestritten,
Böses schon Kindern eingeprägt.

Neue Technik wird verboten,
die Andersgläubigen sind schlecht,
jubelnd tanzt man um die Toten,
die Mörder fühlen sich im Recht.

Diese üblen Kannibalen,
streben globale Herrschaft an,
zieh´n durchs Land wie die Vandalen,
gehorchen einem dummen Mann.

Zivilisiert wollen sie sein,
hingegen sind sie primitiv,
klar denkend kann man prophezei´n
solch Obrigkeit fällt – sehr, sehr tief.

06.04.2017

Zu kurze Landebahn ?

Kurz nach der Landung, da schreit der Pilot:
„Ich hab doch gebremst, kam trotzdem in Not,
hab zig tausend Landungen absolviert,
doch so etwas ist mir noch nie passiert !“

„Ich dachte immer, ich wär ein Genie,
doch jetzt brauch ich zuerst, einen Whisky,
grad noch drei Meter, ich glaube ich spinn,
dann steckten wir voll, im Rübenfeld drin."

Da meldet sich der Copilot zu Wort,
meint leis: „Es stimmt was nicht an diesem Ort,
mein lieber Kapitän, es tut mir leid,
hier ist die Landebahn 5 Kilometer - breit !"

Zuckerland

Auf die süße Insel Zuckerland,
wo riesengroße Lutscher stehen,
und die Bonbonberge hinterm Strand,
wie bunte Eiskugeln aussehen.

Dorthin hat´s klein Willi verschlagen,
er trieb im Schlauchboot über den See,
nun steht er da mit leerem Magen,
ruft: „Ach ist das schön, was ich hier seh !"

Dann beginnt er mit der Nascherei,
schlingt die Süßigkeiten in sich rein,
Kaubonbons und Drops, er ist so frei,
irgendwann wird er gesättigt sein.

Doch dann spürt er, ganz unerwartet,
einen starken Schmerz im Unterleib,
er setzt sich schnell ins Boot und startet,
hofft, dass er zurück nach Hause treibt.

Leider aber ist sein Boot nicht dicht,
Wasser dringt von allen Seiten ein,
eine Welle schlägt ihm ins Gesicht,
Willi fängt ganz lauthals an zu schrei´n.

Er wird von Geisterhand geschüttelt,
reißt die Kulleraugen ganz weit auf,
in seinem Bett wird er gerüttelt,
die Mutter schreit: „Unser Kind wacht auf !"

Willi lag zwei Tage im Koma,
hat die ganze Zeit nur Schleim gespuckt,
auf dem Geburtstag seiner Oma,
hatte er sich an Bonbons verschluckt.

Oft denkt Willi an den Traum zurück,
an das Eis und die Lutscher am Strand,
seine Eltern strahlen voller Glück,
von Bonbons hält Willi nun - Abstand.

Zwei Blondinen im Regen

Zwei hübsche Blondinen aus Bern,
steh´n vor ihrem Wagen mit Stern,
sie müssen schnellstens nach Brüssel,
finden aber nicht den Schlüssel.

Nach zehn Minuten sehn sie ein,
der Schlüssel muss im Auto sein,
sie sind wütend und sie toben,
denn es regnet stark von oben.

Das alles, was da so geschieht,
geht den Blondinen aufs Gemüt,
die Eine schlägt ´ne Scheibe ein,
die Andre brüllt: „Oh nein, oh nein !“

„Die Polster sind vom Regen nass,
so macht das Fahren keinen Spaß !“
Beide starren wie betroffen,
schrei´n : „Das Dach ist auch noch offen !“

08.01.2017

Zwei Hunde

Ein großer und ein kleiner Hund,
die treffen sich im Wiesengrund,
nach dem ersten lauten Bellen,
will sich der Große vorstellen.

"Ich bin ein Windhund von Adel,
rassig, schlank und ohne Tadel,
mein Herrchen ist der Lord von Scheck,
mich ruft er - Harro von Ribbeck !"

Der kleine Hund steht staunend da,
meint: „Oh, das ist ja wunderbar -
ich gehöre Oma Nessel,
und heiße - RUNTER vom Sessel !"

Zwei Irre

Zwei Irre sitzen früh im Bett,
und unterhalten sich recht nett,
der eine sagt: „Du glaubst es kaum,
ich hatte einen tollen Traum.“

„Bin heut´ Nacht Auto gefahren,
einen ganz flotten McLaren,
es war ´ne wunderbare Tour,
und von den Wärtern keine Spur.“

Sein irrer Zellenkumpel spricht:
„Deine Tour - int'ressiert mich nicht,
hab sicherlich auch nichts versäumt,
denn ich - hab besseres geträumt.“

„Die Tür ging auf – ein heller Schein,
Miss Germany kam hier herein,
ganz ohne Kleider - das ist Fakt,
sie war nackt, splitterfasernackt !"

„Und du Dussel lässt mich pennen ?,
hättest mich doch wecken können !"

"Du hast doch irgendwas am Keks,
warst doch im Auto unterwegs !!!"

19.01.2017

Zwei Seiten

Gute werden oft zu Ratten,
und auch Lichter werfen Schatten,
jeder Anfang hat ein Ende,
Schönes wird versperrt durch Wände.

Auch hinter Freude steckt Verdruss,
wer liebt, weiß das er leiden muss,
was leicht erscheint wird oftmals schwer,
ein voller Topf ist zu schnell leer.

Nach jedem Tag erscheint die Nacht,
und auf die Sieben folgt die Acht,
manch Trübes wird auf einmal klar,
selbst Lug und Trug wird sehr oft wahr.

Dornen sind an allen Rosen,
und Nieten sind bei Glückslosen,
Schwarz und Weiß wird´s ständig geben,
hier auf Erden und im Leben.

Inhaltsverzeichnis

Printed by Books on Demand GmbH, Norderstedt / Germany